MW00709565
De:
Para: Mi Maitechú

Lidia María Riba

V&R Editoras

Dirección de arte: Trinidad Vergara

Ilustraciones: Ferdinand Sulpice

ISBN: 987-95816-0-1

Fotocromía: Vergraf S.R.L.,

Buenos Aires, Argentina

Impreso en Artes Gráficas Toledo, S.A.

Depósito Legal: To: 883-1997

Printed in Spain

Junio de 1997

Mi querida Hija
Mi Baby:

UN REGALO PARA MI HIJA

Dedico este libro
a tí mi niña
en el día de tu
cumpleaños #31

Besos mil

Tu Mami

Oct 21/2000

Para mi hija

La sensación más fuerte, más honda que me invadió cuando te sostuve por primera vez contra mi corazón fue la de *dar*. Darte la vida. Darte alimento. Darte calor. Darte seguridad... Y esa sensación me ha acompañado dulcemente mientras crecimos juntas.

Lo mejor del mundo. El sol y la luna. Qué no te daría si pudiera... Pero soy solamente una madre. A veces, durante esos primeros años, fui tu escudo, tu ángel y tu hada. Hoy, que se abren los caminos frente a ti y debo dejarte partir, te regalo mi palabra. Para que te acompañe y te ayude... Para que, incluso, sonrías con ella. Porque contarte experiencias, darte las gracias, pedirte perdón y recordar... todo, todo, festeja la maravilla de tenerte.

De madres e hijas

¿Qué mujer no ha soñado alguna vez con la gloria y la fama? Ser una Madame Curie recibiendo el Nobel, o Meryl Streep abrazando el Oscar frente a miles de personas, o María Callas en la nota más alta de La Traviata ... Por eso, Dios nos ha hecho este guiño de complicidad a las mujeres comunes: la maravillosa posibilidad de crear. No existe en el mundo ningún libro magistralmente escrito, ningún descubrimiento científico, ninguna obra de arte que pueda compararse con tu sonrisa.

Hay pocas impresiones tan fuertes como mirarte al espejo junto a nuestra hija adolescente que se ha vestido y maquillado para ir a su primer baile. ¡Dios!, ¿tanto tiempo ha pasado ya …?

Con qué secreto orgullo sonríe una mamá a quien su amiga le dice por teléfono: "Acabo de confundir a tu hija contigo; habla igual que tú …"

Quisiera protegerte…
de las palabras falsas de quien se dirá tu amiga,
de la calificación injusta
en el examen para el que estudiarás tanto,
de la lluvia el día de esa excursión tan esperada,
de que tengas que hacer dieta alguna vez,
de que entregues tu fe a algo o a alguien
que te desilusione,
de los malestares de tus días femeninos,
de que ames al hombre equivocado
(no porque no me guste, sino porque no sepa
hacerte feliz)
de que te hieran y sufras,
de que tu mejor vestido esté en la lavandería
justo cuando te llamen para salir,
del frío y el calor intensos…, de las tormentas
y los huracanes…
Y, sin embargo, te abro la puerta y te digo:
vive tu propia vida.

Conozco los desmanes que cometen los fanáticos del fútbol; sé de los peligrosos festejos con que los admiradores celebran los triunfos de sus ídolos… Pero nunca he entendido bien de qué son capaces hasta que me he visto gritando y saltando, desbordante de euforia, cuando llegaste primera a la meta, en el campeonato de natación.

Ayer, sin querer, te escuché hablar con tu mejor amiga acerca de algo que te preocupa y que yo ignoraba por completo.
Un poco sorprendida y un poco triste pensé: ya tienes un mundo propio al que podré entrar… solo si me dejas.

Cuando, durante una discusión,
veo tu rostro queridísimo contraerse
por la furia con que me gritas
"*no se puede hablar contigo, no entiendes nada*",
cierro mis ojos y evoco
imágenes de tu álbum de fotografías.
¿Dónde se han quedado aquellos ojos
asombrados, las manos tendidas, tu cabello
tan bien peinado por mí? (Hoy la furia te
agita varios mechones azulados.)
Abro los ojos y, sí, están ahí, escondidos
detrás de tu joven rebeldía.
Suspiro... y, con paciencia,
sigo escuchándote.

Si un incendio amenazara nuestra casa,
intentaría salvar la jarrita de cerámica
que me regalaste, pintada con tus propias
manos cuando tenías siete años.
Porque no hay dinero en el mundo
que pueda reemplazarla. Y porque esas
pequeñas cosas nos ayudarían, más que
cualquier otra, a formar un nuevo hogar.

Te regalo el amor de una abuela maravillosa,
mi madre. Disfrútala minuto a minuto:
tiene tanto que darte… Le doy las gracias a
Dios porque me ha permitido compartirla
contigo. Sé que algunas veces hubo un poco
de culpa en tu corazón porque sentías que la
querías más que a mí. No te preocupes,
de ella aprendí a amarte como te amo.
Y todo me parece poco si es para ella.

Algunas madres de hijos varones
se vanaglorian de la especial relación
que los une. Qué saben ellas de la emoción
de tu primer vestido de fiesta...,
o de la complicidad de compartir el
maquillaje, o de nuestra comunión de almas
cuando lloramos juntas en el cine.
Y cómo pueden imaginar mi alivio cuando,
después de analizar sin piedad mi vestido
nuevo, dictaminas "*te queda bien, mamá*".
No hay juez más severo, ni opinión más
sincera. Por eso valoro tanto tus elogios...

Años de prédicas vanas se justificaron
un día, cuando al entrar en el dormitorio
de tu hermana menor, me preguntaste
horrorizada: "*¡Mamá, cómo puede vivir
en medio de este desorden!*"
Entonces, incontenible, estalló tu risa.
A veces, solo a veces, la vida ofrece
compensaciones...

Hubo un momento en mi vida en que creí
poseerlo todo: juventud, un amor de novela,
una profesión apasionante, viajes, amigos…
Y, de pronto, llegaste tú
y solo entonces comprendí el significado
absoluto de la palabra plenitud.
Hoy ya no sé si lo tengo todo, pero te tengo a ti.
Y es más que suficiente.

Un bastión de entereza, un faro para guiar
sin desmayo tu destino: eso quisiera ser
siempre para ti. Pero, en ocasiones,
esta torre se inclina y todo a mi alrededor
se oscurece. Entonces, tu mano
en mi hombro y tus palabras consoladoras.
Ya no estoy sola y todo vuelve a iluminarse…

Cuando llega a fin de mes la cuenta
del teléfono me pregunto siempre
si Alexander Graham Bell habrá sido padre
de alguna hija adolescente. Por supuesto
que no, me respondo invariablemente.

Si las madres pudiéramos trasmitir
a nuestras hijas solo el veinte por ciento
de la opinión que tenemos de ellas,
su autoestima sería indestructible.

Llévame contigo: de vuelta al colegio y al recreo; a las fiestas de cumpleaños ruidosas y a las tartas de chocolate; a los secretos *para siempre* de las amigas íntimas y a los partidos de hockey. Llévame contigo a las miradas de los chicos y a los suspiros; a la ansiedad de la primera cita y a la tristeza de la primera desilusión. Llévame contigo a la universidad y a las noches en vela estudiando y soñando. A escalar la montaña y a saltar audazmente las olas en tu tabla de surf. A la emoción del telón que se levantará la noche de tu estreno o al aplauso de tus profesores en tu tesis doctoral. A tu safari fotográfico o al éxtasis de un cuadro de Monet. Llévame en tu corazón dondequiera que vayas.

Jamás he comprendido a las madres
que creen que sus hijos son los mejores
del mundo. Creo que debemos ser
realistas y ver todos los aspectos -aun los
negativos- de su personalidad. De nada les
sirve que cerremos los ojos ante sus errores.
Por eso, cuando afirmo de ti que *eres
perfecta*, debes entender que te he analizado
con total objetividad.

Deseo

Que descubras que las mejores cosas de este
mundo no tienen precio, pero sí mucho valor:
una gota de rocío en una rosa por la mañana,
la palabra *perdón*,
los atardeceres en la playa,
la mano de un bebé apretando la tuya,
que sí sea él cuando suene el teléfono,
la tormenta golpeando las ventanas
y todos en casa,
la palabra *gracias*,
la alegría de tu mascota cuando regresas…

Y deseo que descubras que las cosas que sí tienen precio son solo prestadas por la vida; ella puede quitártelas en un instante: vive libre de espíritu, aferrada únicamente a lo que puedas llevar en el corazón.

Deseo que te sorprenda la madrugada
conversando con amigos, arreglando
el mundo, discutiendo apasionadamente
por aquello que crees…

Deseo que nunca crezcas del todo:
que guardes en tu corazón la ingenuidad
de creer que, en ocasiones, el mundo sí
puede ser mágico (no todos pueden verlo),
que no siempre las causas justas son
imposibles, que hay días
en que amanece dos veces…

Deseo que encuentres el amor firme,
profundo y cotidiano de un hombre íntegro.
Y que lo disfrutes toda la vida.

Pero también deseo que, aunque fuera una
vez, experimentes la locura, la pasión total y
arrolladora que nos lleva al cielo
y al infierno. Que la vivas plenamente...
y la dejes ir después.

No te deseo amarga o descreída.
Si alguien te hiere profundamente
(¡cómo quisiera ser una barrera
contra lo que te amenace!)
vuelve a nacer de tus cenizas.
Afronta el desafío. No te des por vencida.
No permitas que te convenzan de que *todo,*
al fin, desilusiona. Levanta los ojos,
llévalos hacia el horizonte. Y cree…

Deseo para ti la fe en Dios.
Imagínalo como sepas o como puedas,
pero búscalo. ¿No piensas que sería muy
absurda la vida si no hubiera *algo más*?
Basta con mirar a tu alrededor
para encontrarlo de las formas más diversas.
A mí, me basta con mirarte.

Deseo que descubras el placer de la lectura:
la embriagadora sensación de vivir,
por unas horas, con los personajes
de una novela. La fascinante posibilidad
de olvidar la inquietud o la tristeza
escapándote al Africa, o muriendo de amor
en la estepa rusa. Y también te deseo la
honda emoción de la poesía:
que tu espíritu vibre con la palabra exacta
que exprese lo que sientes...

Por ser exactamente como yo te había
soñado. Como en el cuento de Blancanieves,
¿recuerdas? en el que la reina pide
*"que sus ojos sean negros como la noche, su tez
blanca como esta nieve y sus labios rojos ..."*

Y gracias también porque me fascina
comprobar que eres tan distinta
a lo que yo hubiera imaginado:
única, diferente y mucho, mucho mejor
que cualquier sueño.

Gracias por todas, todas las tarjetas
de cumpleaños, días de la Madre o
por aquellas notitas, sin motivo, que encontré
escondidas bajo mi almohada, en las que me
decías que soy la mejor mamá del mundo.
Jamás ninguna sinfonía sonará tan bien
en mis oídos como tus dulces palabras.

Gracias por contarme lo que ocurrió esa noche en la fiesta. No sé si recordaré el nombre de tu acompañante o qué ocurrió. Pero jamás olvidaré tus ojos encendidos, la fuerza entusiasta, veloz de tus palabras y tus manos dibujando el aire. Para que yo pudiera compartirlo contigo.

Nada me ha enseñado tanto en la vida como enseñarte: en medio de algún solemne sermón con el que te amonestaba he visto con claridad mis propios fallos y he intentado dar un golpe de timón a mi vida para modificarla. Gracias.

Te perdono

Que quisieras irte de casa a los seis años
y me amenazaras con cambiarme por otra
mamá. "*Por cualquiera*" fueron tus palabras.
Terribles, tajantes y sinceras. Por eso mismo
fue tan grande mi alivio cuando,
media hora más tarde, decidiste quedarte
y aceptarme tal cual soy.

Perdóname

Por todas las ocasiones en que he querido
que fueras la mejor de tu curso,
cantante de ópera, primera bailarina
o tenista profesional. Todas las madres
creemos vanamente, en algún momento,
que una hija puede convertirse en una
segunda oportunidad que la vida nos da para
lograr lo que nos fue imposible.
Y aquí estás tú para demostrarme
que ninguna expectativa alcanza
las alturas de tu realidad.

Tengo escrita en mi corazón una lista
tan larga de cosas que *debía* haber hecho
contigo y para ti… y que nunca hice.
A veces me pregunto si habrá en tu corazón
alguna pequeña lista de cosas que sí hice…

Las madres quisiéramos ser rocas de sólidos
principios para educar a nuestros hijos.
Qué fácil me resultaba al comienzo...
Pero, luego fuiste creciendo y dándote
cuenta de mis pequeñas equivocaciones:
me escuchaste mentir acerca de
mi edad, encontraste aquel envoltorio de
chocolate cuando juraba una dieta estricta,
declaramos perdido para siempre
el examen de matemáticas que yo
debía firmar... Y mientras tanto,
yo continuaba pronunciando
discursos acerca de la Verdad,
la Honestidad y el Orden.
Gracias por tu sabio perdón.

Recuerda

Que poseas algún talento especial no depende de ti. (Y tampoco de mí, porque hubiera ido al fin del mundo a buscártelo.) Tal vez lo tengas. Pero recuerda, el genio y el talento se desvanecen en prometidas ilusiones sin la constancia. Y esta sí depende por completo de ti.

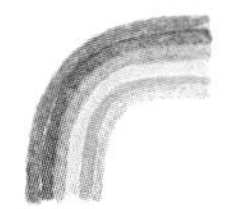

Si quieres perseguir el arco iris, hazlo.
Pero disfruta cada tramo del camino
que te lleve a él.

Las recetas para la felicidad suelen
ser muy sencillas: ríe mucho (incluso de ti
misma, sobre todo de ti misma)
y ama mucho. A tus amigos, a tu trabajo,
a la naturaleza que te sostiene y te rodea,
a quien compartirá tu vida...
Y a tu mamá, desde luego, a tu mamá.

Preparar un viaje, un campamento, una fiesta de fin de curso es casi siempre más divertido que hacerlos. Encuentra tiempo para planear lo que te hará feliz.

Acuérdate de que la más audaz, la más altruista de las intenciones no vale lo que el más pequeño de los actos. Aunque no puedas hacer *lo mejor,* haz *algo*.

Busca tus raíces, investiga tu historia.
Tantas personas pusieron
algo de sí para que hoy fueras como eres.
Los ojos oscuros y profundos de tu
padre, la voz clara de aquel abuelo
aficionado al canto, la figura estilizada
de una abuela y -por qué no- el mal genio
matutino de la otra..., la oculta inclinación al
teatro del bisabuelo, que tal vez se concrete
en ti... Todos los que te amamos creemos
reconocer algo de nosotros mismos en ti.
Porque eres tu ayer y también eres tú misma:
única e irrepetible. Magnífica.

Tu Mami

Oct 21/2000